QUELQUES IDÉES

DE

CONSTITUTION,

APPLICABLES

A LA VILLE DE PARIS

En Juillet 1789.

PAR M. L'ABBÉ SIEYES.

A VERSAILLES,

Chez BAUDOUIN, Imprimeur de L'ASSEMBLÉE
NATIONALE, Avenue de Paris N°. 62.

QUELQUES IDÉES

DE CONSTITUTION,

APPLICABLES A LA VILLE DE PARIS

A la fin de Juillet 1789.

Il faut considérer la ville de Paris sous deux points de vue, comme *Municipalité*, & comme *Province*. Il est impossible de traiter ces deux points, sans indiquer au moins une partie considérable de notre plan de Constitution pour tout le Royaume. Mais, nous n'en dirons que ce qui sera indispensable. Commençons par supposer que tout le territoire François peut être partagé en sept cent vingt parties ou *Communes*, d'environ trente-six lieues quarrées de superficie, approchant chacune, le plus possible, d'un quarré de six lieues sur six. Paris sera la Cité centrale. Toutes ces Communes doivent recevoir deux organisations très-distinctes. Comme *Municipalités*, elles auront une Législation & une Administration particulières, qui n'intéresseront que leur

A

intérieur, ou plutôt leur localité. Nous difons en conféquence que, dans l'Ordre Municipal, les Communes ne font point des *tous confédérés*, mais des *tous* en quelque forte, indépendans.

La feconde Conftitution à donner aux Communes, dépend de l'union politique qu'on veut adopter, pour faire de toutes les parties de la France un grand *tout*, gouverné par la même Légiflation & la même Adminiftration Nationales. Sous ce nouveau rapport, les Communes du Royaume font plus que des *Etats confédérés*; ce font de vraies parties intégrantes & effentielles *d'un même tout*. Cette obfervation eft importante, pour qu'on ne nous compare jamais aux *Etats-Unis* de l'Amérique.

Nous partons du principe qu'il faut à la France entière, une Légiflation & une Adminiftration *communes* & uniformes, & aux Municipalités, un Confeil & une geftion, qui remplacent pour les affaires *particulières* & repréfentent le pouvoir légiflatif & le pouvoir exécutif; de manière cependant que la Conftitution libre & particulière de chaque Cité ou Commune, n'ufurpe point fur la Conftitution générale de l'État, & ne gêne en aucune façon, la Légiflation & l'Adminiftration Nationales.

On voit donc que sur la même *base* doivent s'élever deux édifices politiques : l'un particulier à la localité, l'autre fait pour se raccorder avec les édifices voisins, pour s'allier avec les autres Communes, & former ensemble la Monarchie Françoise.

Faisons une dernière observation préliminaire, pour achever de déveloper l'esprit dans lequel nous avons travaillé. Nous n'entendons point soumettre le Gouvernement National, ni même les plus petits Gouvernemens Municipaux au régime *Démocratique*.

Dans la Démocratie, les Citoyens font eux-mêmes les Lois, & nomment directement leurs Officiers publics. Dans notre plan, les Citoyens font, plus ou moins immédiatement, le choix de leurs Députés à l'Assemblée législative ; la Législation cesse donc d'être démocratique, & devient *représentative* : les Peuples ont à la vérité, toute influence sur les Représentans ; nul ne peut obtenir cette qualité, s'il n'a la confiance de ses Commettans ; nul ne peut conserver cette qualité, en perdant cette confiance ; mais, les Peuples ne peuvent point eux-mêmes faire la Loi, encore moins se charger de son exécution.

Nous venons de dire qu'ils ont toute autorité ſur ceux qu'ils chargent de faire la Loi. Il faut ajouter qu'ils doivent influer auſſi, quoique d'une manière plus indirecte, qui ſera expliquée plus bas, ſur le choix de ceux qui ſeront nommés pour l'exécution, dans toutes les parties de l'adminiſtration publique. Car il faut que les gouvernés puiſſent avoir pour les gouvernans, de l'eſtime & de la confiance. Ces Sentimens ſont libres de la part du Peuple, autant que néceſſaires au maintien du bon ordre.

On va voir l'influence de ces principes ſur le plan que nous ſoumettrons à Meſſieurs du Comité chargé de donner une Conſtitution municipale à Paris (1).

----

(1) Ce Plan a été, en effet, lu & dépoſé au Comité des Seize, peu de jours après ſa formation. Il n'étoit pas deſtiné au public. On s'en apperçoit aſſez aux négligences de rédaction. Citoyen & Député de Paris, j'ai cru devoir payer ma tâche.

CHAPITRE PREMIER.

Paris confidéré comme Province *du Royaume*, *dans* l'ordre légiflatif.

ARTICLE PREMIER.

SUPPOSONS, pour un inftant, toute la France foumife à une nouvelle divifion de Provinces & de Communes.

Ne difputons point ici fur le nombre de quatre-vingt Provinces ou Départemens, & de fept cent vingt Communes ou Cités, dans lefquels le Royaume peut être divifé. Ces données font indifférentes pour Paris ; je n'en ai befoin un moment que pour montrer la *Commune de Paris*, comprenant *la Ville & fa Banlieue*, au centre des fept cent vingt Communes qui compofent le Royaume.

Il faut par-tout neuf Communes pour former un Département d'environ trois cent vingt-quatre

A 3

lieues quarrées. Mais Paris est la Métropole de
la France ; Paris & sa banlieue embrassent le
trentième de la population totale ; enfin, sa contribution est près du septième de la contribution
générale. Il faut donc, dans les neuf Communes qui
forment le premier Département du Royaume ou
la Province centrale, distinguer la Commune centrale de Paris, & lui donner tous les droits d'un
Département.

Ce Privilége ou ce Droit ne peut appartenir
qu'à Paris. Nous avons donc quatre-vingt-un
Départemens, au lieu de quatre-vingt. Paris est
le premier, & les huit Communes qui l'entourent
forment le second.

Chaque Commune est d'environ trente-six lieues
quarrées. C'est un quarré de six lieues sur six.
Paris & sa Banlieue doivent se rapprocher, le plus
possible, de cette mesure.

Si l'on me demande pourquoi je ne borne
pas la Cité de Paris à ce qu'elle est *intrà muros*,
je répondrai que la double Administration de
Paris considéré, soit comme Province, soit
comme Municipalité, seroit extrêmement gênée ;
que l'on s'exposeroit à des querelles sans cesse
renaissantes, si sa police ne s'étendoit pas au-

delà de ses murs. La Capitale ne peut pas de-
meurer ainsi serrée & entravée à ses portes, par
une Administration Provinciale qui ne seroit pas
la sienne.

A r t. I I.

Paris considéré comme *Province*, ou comme
partie intégrante de la Constitution Nationale,
doit être soumis aux mêmes formes, à la même
Législation, & à la même Administration que les
autres Provinces du Royaume. Je ne m'écarterai
en rien du plan général dans ce que j'ai à dire,
où j'avertirai des différences que la position particulière de la Capitale pourra nous forcer d'é-
tablir en sa faveur.

Je divise le *territoire* de Paris et de sa Banlieue, en neuf Districts, égaux en superficie. Je
prends d'abord cette base invariable.

Chaque District sera partagé en neuf Quartiers,
pareillement égaux en superficie; nouvelle base
invariable. Il y aura donc quatre-vingt-un Quartiers.

Les neuf Districts embrasseront tout, & ressor-
tiront à l'Hôtel-de-Ville, qui sera le vrai centre
de la Métropole.

Je ne dis pas que chaque Quartier n'aura qu'une *Assemblée* de Citoyens. J'ai égard à l'inégalité de population. Tel Quartier peut avoir une population dix fois plus nombreuse que tel autre. Il faut que les Assemblées élémentaires, qui sont les vrais fondemens de la Société politique, ne soient pas livrées à la confusion & au désordre qui résulteroit d'un trop grand nombre de Citoyens réunis.

Etablissons une règle générale : les Assemblées fondamentales ou *primaires* seront de six à sept cent personnes. Si le nombre des Citoyens qui auront droit d'y voter, excède le nombre de neuf cent, il se partagera en deux Assemblées à-peu-près égales ; si ce nombre va au-delà de treize cent, il s'établira trois Assemblées primaires dans le même Quartier ; ainsi de suite.

Ainsi, chaque Quartier aura au moins *une* Assemblée *primaire* ; mais, suivant sa population, il pourra en avoir *plusieurs*. Il y aura donc, dans la Cité de Paris, qui comprend la Ville & la Banlieue, plus de quatre - vingt - une Assemblées fondamentales, auxquelles nous pouvons aussi donner le nom de *Comices*.

On peut en conjecturer le nombre par celui

de la population. Si nous supposons neuf cent mille ames dans la Commune de Paris, & que d'après des calculs assez exacts, nous admettions que le sixième de la population d'un pays, peut, en général, exercer les droits *politiques* de Citoyen : nous pourrons croire d'abord que cent cinquante mille Citoyens pourront vouloir assister & voter aux Assemblées primaires. Mais si nous faisons attention au nombre prodigieux d'étrangers & de gens non-domiciliés qui sont à Paris, ce nombre se réduira au-dessous de cent mille Citoyens *actifs*. Si l'on remarque que quelques Assemblées pourront avoir plus de six à sept cent votans, on pourra aussi faire attention, que quelques-unes seront au-dessous de ce nombre. Ces deux observations peuvent se balancer, & puisqu'il faut adopter des données d'avance, nous pouvons croire qu'il y aura environ cent quarante à cent cinquante Assemblées comitiales, réparties inégalement dans les quatre-vingt un Quartiers de la Commune de Paris.

Art. III.

Les Assemblées comitiales ou primaires, dans Paris & dans tout le Royaume, sont la véritable

& l'unique bafe fur laquelle doivent s'élever la Conftitution *nationale*, d'une part, & de l'autre, la Conftitution *municipale* particulière à chaque Commune.

La Cité de Paris, avons-nous dit, fera divifée en neuf Diftricts, égaux en furface territoriale, & chaque Diftrict en neuf Quartiers égaux, du moins autant qu'il fera poffible.

Toutes les Affemblées primaires, quel qu'en foit le nombre, députeront directement à leur Affemblée de Diftrict.

Ici, je dois arrêter un inftant l'attention du Lecteur, fur la loi qui détermine le nombre proportionnel des Députés que chaque Affemblée doit envoyer à fon Affemblée commune de Diftrict. Cette loi doit être la même pour toute la France.

Je ne veux en préfenter que le réfultat; les développemens nous mèneroient trop loin. C'eft dans le plan de Conftitution nationale qu'ils doivent être placés.

Souvenons-nous que Paris, confidéré comme *Province*, doit éprouver les mêmes degrés inter-médiaires entre fes Affemblées primaires & le Corps légiflatif national, que toutes les Provinces du Royaume. Il n'y a dans ses degrés politiques, que le mot de changé. L'Hôtel-de-Ville répond au mot de Province, celui de District répond au mot de Commune ; enfin , celui de Quartier au mot canton : d'ailleurs, les Quartiers & les Cantons peuvent , à raison d'une grande population , avoir également plus d'une Assemblée comitiale. Ces Assemblées députeront directement à la Commune ou au District , afin d'éviter l'inégalité des degrés intermédiaires.

Cela posé, on peut ériger en Loi générale pour toute la France , que chaque canton où il n'y aura qu'une Assemblée primaire doit envoyer d'abord ,

Une députation pour le *territoire* ;

En outre , le canton que nous avons pris pour exemple , grossira sa députation , à raison ,

1°. De la *population active* qu'il possède ;

2°. De sa *contribution* forcée ;

3°. De la somme qu'il fournit au *tribut volontaire* ou *civique.*

Pour entendre ces trois articles , & sur - tout le dernier , il faut faire quelques observations.

Supposons que quatre-vingt Départemens versent sept cent vingt Députés à l'Assemblée législative nationale. Dans ce nombre total, il y aura d'abord un tiers des Députés, savoir : deux cent quarante, envoyés avec *égalité* de chaque Province ; c'est-à-dire, trois par Province territoriale.

Il reste à distribuer, *inégalement* sur quatre-vingt-un Départemens quatre cent quatre-vingt Députés. Ce partage doit se faire à raison des inégalités de population & de contribution, & aussi à raison des inégalités dans le tribut civique, car il faudra en établir un de cette nature.

Je divise en trois parties quatre cent quatre-vingt, & j'ai cent soixante Députés à répartir sur les quatre-vingt-une Provinces, à raison de la population inégale & variable.

Cent soixante, à raison de l'inégalité de contribution.

Enfin, cent soixante encore, à raison du tribut volontaire.

Ainsi, je n'ai qu'à supposer la totalité du tribut volontaire par exemple, connue, & divisée mentalement en cent soixante parties : autant une Province paiera de ces parties, autant elle aura droit d'envoyer de Députés au-delà des trois que toutes doivent nommer sans faute, pour le territoire.

On voit que cette opération peut se répéter sur la masse de la population & sur celle de la contribution forcée.

Ce plan de Députation proportionnelle paroît compliqué, au premier aspect. En y revenant, on le trouvera très-simple, & sur-tout on trouvera qu'il falloit établir entre les Provinces, la proportion que je viens d'indiquer. Je puis assurer que ce résultat & tous ceux que j'offre ne sont pas l'ouvrage d'un jour; j'ai épuisé mille & mille combinaisons, avant de me fixer à celle que je viens de présenter. J'ai tenu long-temps à l'idée de déterminer le nombre proportionnel des Députés à chaque échelle représentative, par une *raison composée*, où je faisois entrer tous les élémens qui doivent influer sur cette proportion. Enfin, je me suis démontré qu'il est plus simple & plus sûr de séparer ces élémens, d'attacher une représentation invariable à ceux qui sont invariables, & une députation variable & proportionnelle à des bases variables elles-mêmes.

Il y aura donc sept cent vingt Députés, au plus, pour composer le Corps législatif. Je dis au plus, parce que dans le calcul de distribution il y aura une perte; c'est celle des fractions trop au-dessous d'une cent soixantième partie.

Art. IV.

Passons maintenant aux députations des Communes, pour former une Assemblée Provinciale ; & à celles des cantons, ou plutôt des *Comices* primaires, pour former l'Assemblée de la Commune, qui répond pour Paris à l'Assemblée de District.

Je remarque que dans les Quartiers où il y a plusieurs Assemblées Comitiales, l'une d'elles ayant épuisé, par son Député du *territoire*, le droit du territoire entier, les autres Assemblées du même Canton doivent, en attendant leur tour, s'abstenir de répéter la même députation pour le *territoire* ; mais elles enverront à raison de leur population, de leur contribution votée & de leur tribut volontaire. Les instructions à cet égard, seront à la portée de tout le monde, dès que l'administration de l'impôt se trouvera dans les mains qui doivent le régir. En général rien ne doit être caché dans le nouveau plan d'administration générale.

La remarque que nous venons de faire nous mène à voir que la Cité ou la Commune de Paris, étant enclavée dans un Département qui députera pour le territoire entier, trois personnes : Paris ne doit pas répéter la même députation. Comme territoire, Paris ne sera que le neuvième de la Province dans laquelle il est enclavé ; or, on

ne peut pas prendre le neuvième de trois Députés.
Mais, l'exacte justice demande que Paris puisse
envoyer la députation du territoire tous les neuf
ans ; ou mieux, un Député pour cela tous les
trois ans.

Reprenons les cent quarante Assemblées primaires de la Province particulière de Paris.

Ce n'est que dans l'article suivant que nous trai-
terons des qualités nécessaires pour être admis à
voter dans les Assemblées ; ici nous supposons ces
Assemblées toutes formées ; il s'agit de les faire
députer *proportionnellement*, à leur Assemblée
de District. Les bases de cette proportion, savoir,
la population, la contribution forcée, & le tribut
volontaire, seront connues : rien ne sera donc
plus facile que de déterminer le nombre respectif
de Députés que chaque Assemblée primaire
doit élire.

Supposons que pour l'ensemble des neuf Assemblées de District, on veuille 600 Députés, ce sera.

200 Députés à repartir pour la population active.
100 Pour la contribution forcée.
100 Pour le tribut civique.
____
600

Ainsi, autant chaque Assemblée primaire fournira de deux centièmes parties de population, &c. autant elle choisira de Députés.

Les six cents Députés arriveront en nombre inégal dans les neuf Assemblées de quartier.

Cette raison n'empêche pas que la députation Provinciale ne s'y fasse ensuite très-aisément; il suffira que chaque Assemblée de Quartier élise un nombre de Députés égal au *tiers* de ses Membres. Dans cette opération, nulle proportion ne sera rompue, & l'Assemblée Provinciale de Paris se composera de deux cents personnes.

Cette gradation ascendante doit être exactement la même dans toutes les Provinces. Suivons la jusqu'à la Législature nationale.

Chaque Assemblée Provinciale enverra au Corps législatif, un nombre de Députés, proportionné au nombre total à fournir par tous les Départemens ensemble.

Si nous voulons nous former une idée de ce que la Cité de Paris doit envoyer de Députés au Corps législatif, nous compterons :

1°. Pour le territoire. 0

2°. Pour sa part de population, le trentième

au

au moins de cent soixante, ce qui fait. . . .   5

3°. Pour sa part de contribution votée, le
septième de cent soixante : donc, ... 23

4°. Enfin, pour sa part du tribut civique
je présume que ce sera le dixième de la totalité, divisée également en cent soixante parties , ou. 16
                                   ______
                                    4 4

La Commune de Paris aura donc le droit d'envoyer quarante-quatre Députés au Corps législatif, sur le nombre total de sept cent vingt. Aujour-
d'hui elle en élit quarante, & la Banlieue n'y
est pas comprise.

Il sera nécessaire de régler , que les deux cents
Membres de l'Assemblée Provinciale choisiront ces
quarante-quatre Députés , non pas seulement parmi eux , puisqu'ils ne sont pas les seuls qui aient
la confiance des premiers Electeurs , non pas aussi
hors des six cents Députés, qui ont formé les
neuf Assemblées de District , parce que ces six
cents Députés sont les seuls pour le moment, que
l'on puisse dire avec certitude, jouir de la confiance
actuelle des Citoyens. D'ailleurs, cette condition

engagera tous les Citoyens actifs à ne pas négliger les Assemblées comitiales. A l'avenir, on pourra établir une règle générale plus commode, & qui laissera plus de latitude aux choix.

A r t. V.

Toutes ces Assemblées, jusqu'à celle du Corps législatif, seront renouvelées par tiers, tous les ans ; ainsi chaque Député y sera pour trois ans. Au bout de la première année, les Assemblées inférieures choisiront, parmi les Membres qu'ils auront députés à l'Assemblée supérieure, le premier tiers qui devra sortir. Il sera fait de même à la fin de la seconde année : il faut espérer qu'on s'efforcera de ne pas mériter ce choix.

Après la troisième année, ce sera aux plus anciens à quittter la place ; & ainsi de suite.

Si la députation totale n'est pas divisible par trois, on laissera un ou deux Députés de plus pour être remplacés avec le premier, le second ou le troisième tiers, suivant la détermination de l'Assemblée.

Ces Assemblées primaires & secondaires n'auront, relativement à la législation, que le *choix* des Députés. Je répète souvent ce principe, pour rappeler sans cesse que nous voulons une Constitution *représentative* & non *démocratique*. Mais, relativement à l'Impôt & aux Milices Nationales, les fonctions des Assemblées intermédiaires doubleront d'importance. On peut distinguer ces fonctions par les noms de fonctions *ascendantes* & *descendantes*. Il en sera question dans le chapitre suivant. Les Assemblées de Département, ainsi que nous le verrons, doivent avoir de plus, le *Conseil public* sans décision.

Art. VI.

Le tribut volontaire que j'ai demandé, doit être véritablement libre & volontaire. Un temps viendra où il pourra rapporter une somme immense à l'Etat : aujourd'hui il faut se borner à la plus petite taxe possible ; mais on doit sentir d'avance que ce tribut sera, au gré des convent nationales, qui seules peuvent juger en cette matière, le moyen politique le plus facile pour régler le nombre des Citoyens *actifs*, suivant le zèle & la capacité que les François montreront à *exercer* leurs droits politiques.

Je voudrois, pour ce moment, que tout Citoyen de Paris qui ne payera pas volontairement la somme de 3 liv., fût cenfé vouloir fe priver ou s'abftenir d'exercer les droits de Citoyen *actif* dans fon Affemblée Comitiale. Ceux qui ne voudroient pas fe faire infcrire & payer cette légère fomme, n'auroient pas véritablement envie de venir voter à l'Affemblée; fûrement, ils ne fongeroient pas même à fe plaindre : ainfi, point d'inconvénient à cette condition.

Les avantages du tribut volontaire, outre celui que je viens d'indiquer, & qui eft le plus effentiel, font innombrables; je me contente de dire que de nouveaux établiffemens demandent de nouvelles dépenfes; dans la circonftance, l'efprit d'économie pourroit influer un peu trop fur l'effence d'une nouvelle conftitution, fi l'on ne pouvoit pas tirer d'elle-même tous les fonds néceffaires à fon maintien, &c.

Tôt ou tard le tribut volontaire fe partagera en deux parties, l'une pour les depenfes utiles ou agréables de la Commune; l'autre pour aider, fous le même point-de-vue, les dépenfes générales de l'Adminiftration nationale. Aujourd'hui il faut en réferver la totalité pour l'établiffement & le maintien des deux nouvelles conftitutions, *Municipale & Nationale.*

Pour se montrer Citoyen *actif*, il ne faudra payer que 3 liv.; mais pour être *éligible*, il faudra dès-à-présent payer 12 liv. Ces deux tributs porteront le nom de tribut des Electeurs, & tribut des éligibles, ou plutôt de *grand & petit* tribut.

Art. VII.

On ne peut pas être aussi difficile aujourd'hui sur les qualités nécessaires pour être Citoyen *actif*, qu'on pourra le devenir lorsqu'une éducation nationale & de nouveaux intérêts auront amélioré l'espèce humaine en France.

Alors, c'est-à-dire dans l'avenir, pour être inscrit parmi les Citoyens actifs, il faudra se montrer capable de devenir Membre de la grande association; il faudra faire preuve qu'on n'est point étranger aux connoissances sociales; qu'on n'est point inhabile à tout travail, puisque le travail est le vrai fondement de la Société, &c. Il faudra enfin être domicilié, & payer le tribut volontaire annuel, au moins pour la seconde fois.

Dans ce moment, contentons-nous d'exiger que celui qui veut se faire inscrire dans le nombre des Citoyens actifs d'un canton, ou d'un Quartier, soit François ou devenu François ; qu'il y soit domicilié au moins depuis un an ; qu'il soit majeur & contribuable, & enfin qu'il paye librement le petit tribut.

Ces considérations suffiront pour être *Electeur* à l'Assemblée primaire. Les conditions pour être *éligible*, ne peuvent pas encore être exigées à la rigueur; il faut attendre que les Comices soient en état de faire des listes permanentes d'*éligibles*. Ce sera un ressort social des plus puissans.

Nul Citoyen ne doit exercer les droits de Citoyen actif, hors de son domicile, & dans plus d'un endroit ; ce seroit admettre l'inégalité dans les droits politiques.

Mais je fais une exception pour les domiciliés à Paris. Il est, je pense, d'une bonne politique de ne pas interdire à ses Habitans un second domicile ailleurs, ni l'exercice des droits qui y sont attachés. La Capitale n'est pas seulement une Ville particulière ; elle est encore la Ville *commune*, la Métropole de tous les François. L'exception que nous faisons est plutôt à l'avantage des Campagnes que de Paris même : c'est un droit *commun* plutôt qu'un privilège.

CHAPITRE II.

Paris confidéré comme Province *dans l'ordre de* l'Adminiſtration repréſentative.

ARTICLE PREMIER.

Nous avons traité juſqu'à préſent des fonctions *afcendantes* de toutes les Aſſemblées juſqu'à celle du Corps légiſlatif.

Le Pouvoir exécutif, ou les divers départemens de l'Adminiſtration générale ont beſoin d'avoir, dans les Départemens, dans les Communes, & même quelquefois dans les Cantons, des Officiers, des Agens qui reçoivent les ordres & en aſſurent l'exécution, &c.

Le Gouvernement général, ou le pouvoir exécutif National peut ſe diviſer en quatre grandes parties.

La Juſtice, y compris la police générale.

L'inſtruction publique.

La ſurintendance des ſoins, travaux & ſecours publics.

Les relations extérieures de la Nation. Les forces de mer & de terre font comprifes dans ce Département.

Nous avons dit qu'il falloit laiffer aux Peuples une influence réelle fur le choix des Officiers publics qui ont à exercer quelque partie de l'autorité ou de l'agence publique. Pour cela, il faut que les Affemblées repréfentatives, dont nous avons réglé la formation, faffent leur *lifte d'éligibles pour l'adminiftration*; comme les Affemblées primaires doivent faire leur *lifte d'éligibles pour la repréfentation*. Les Citoyens ne nommeront point les Officiers publics, mais il ne fera nommé que des gens de leur choix.

L'Affemblée Provinciale fera donc une lifte d'Éligibles pour le fecond degré de l'Adminiftration générale, c'eft-à-dire, pour les Places Provinciales. Cette lifte, et toutes celles de même nature, contiendront au moins trois fois plus de noms, que les Officiers Supérieurs de l'Adminiftration n'auront de places à donner.

L'Affemblée de Diftrict fera une autre lifte pour les Éligibles aux emplois adminiftratifs du Diftrict, qui fervira en même temps pour les Agens à employer dans toute l'étendue des Quartiers.

D'ailleurs, toutes les parties du Gouvernement doivent correspondre entre elles, les Inférieurs être nommés par les Supérieurs, & n'avoir d'ordre à recevoir que de leurs supérieurs.

Le Corps législatif doit *présenter* sa liste d'éligibles pour les grands Offices de l'Administration nationale, & le Roi nommera à son gré sur cette liste.

Bien entendu que ces Ministres seront responsables, & comptables au Pouvoir législatif.

Art. II.

La Métropole du Royaume est, relativement à l'Administration générale, dans une position toute particulière. Paris est naturellement le lieu de la résidence du Corps législatif, que je suppose permanent.

Par-tout où est l'Assemblée législative, elle doit être libre; elle doit être soustraite même à la possibilité d'aucune atteinte de la part du pouvoir exécutif; on doit même chercher à affoiblir autour d'elle l'influence que ce pouvoir dévorant s'efforce d'exercer par-tout.

De là il suivroit que la ville de Paris doit être détachée des quatre grands Départemens du Pouvoir exécutif. Je ne dis pas que Paris ne doive pas être régi par les mêmes Lois & dans les mêmes formes d'administration générale qui feront établies par-tout. Je dis feulement que les Lois qui émaneront de la législature, pourroient être adreffées, d'une part, pour tout le Royaume, aux quatre grands Chefs ou Miniftres des quatre départemens ; de l'autre , à quatre Chefs particuliers pour la Cité de Paris, de manière que le pouvoir exécutif de Paris n'eût point d'intermédiaire entre lui & la législature nationale, entre lui & le Roi , & ne dépendît en rien , du pouvoir miniftériel.

Je dirai tout-à-l'heure , que le titre de *Maire* de Paris ne pouvant appartenir qu'au *Roi* , il fe retrouve par là à la tête du pouvoir exécutif de Paris , de la même manière qu'il eft déjà à la tête du pouvoir exécutif de la Nation entière.

Mais , pour dire toute ma penfée fur cet article , j'ajouterai que la précaution politique qu'il préfente, n'eft pas indifpenfable , fi l'Affemblée Nationale nous donne d'ailleurs une bonne Conftitution.

CHAPITRE III.

Impôt & Milices ; deux sortes d'administra-
tion inséparables de la législature ; & étrangères
par leur nature, au pouvoir exécutif.

JE ne veux pas répéter ici les puissantes raisons qui doivent déterminer tout Peuple, qui
veut être libre, à réserver constamment auprès
de la Nation ou de ses Représentans, la double
force de toute Société, savoir, l'argent & la
Milice. Je dis hardiment qu'on n'a pas assez réflé-
chi sur la garantie complète de la liberté publique, quand on ne regarde pas ce principe comme
fondamental en politique.

Je ne parle pas de l'armée : l'armée est en-
tièrement sous le commandement du Roi ; mais
cette machine est hors de mesure avec l'administration intérieure. Elle ne doit agir que dans l'ordre
des relations extérieures. Elle appartient au département des *affaires étrangères.*

Outre l'armée, il y a encore en commiſſion dans toutes les Communes, & aux ordres ſur-tout, du département de la juſtice, une force intérieure légale, qui exige une Conſtitution toute différente.

La force *en commiſſion* tant intérieure qu'extérieure, eſt une ſorte de contribution que la Nation doit pour le maintien de ſon établiſſement public.

C'eſt l'argent & la force individuelle de chaque Citoyen qui fourniſſent l'impôt & l'armée.

C'eſt aux ſept cent vingt Communes à combiner ces deux élémens, & à les tenir prêts, pour garantir la Nation de tous les événemens poſſibles.

C'eſt aux Repréſentans à détacher de cette double force nationale, ce qui eſt néceſſaire, ſoit pour maintenir l'établiſſement public, ſoit pour lui aſſurer une force d'exécution également néceſſaire.

Ainſi, c'eſt aux Repréſentants de la Nation, dans toutes les échelles repréſentatives, à adminiſtrer ces deux forces en recette & en emploi, ſous les ordres du Corps légiſlatif.

D'après ces ordres, la recette & la dépenſe ſe font au gré de la Nation.

La combinaison des *forces individuelles* , & l'offre aux différens chefs exécutifs de ce qu'il leur faut pour assurer l'obéissance, se font également sans danger pour la Nation.

On voit que le Corps législatif ne commande point ; il n'exerce jamais aucune partie du Pouvoir exécutif, mais il crée les combinaisons *d'argent* & *de force*, sur les besoins publics & les livre ensuite aux Chefs qui doivent les dépenser au service National & municipal.

L'armée & les forces intérieures sont détachées de la grande Milice nationale, mises en commission dans les mains du Roi & d'un *Prevôt* dans chaque commune, tout comme un vaisseau est construit, gréé, armé, avant d'être confié au commandement du Capitaine.

D'ailleurs, ces deux sortes d'administration, l'impôt & la Milice nationale, sont, en principes, très-distinctes des fonctions du Pouvoir exécutif. Il appartient évidemment à celui qui crée un établissement, & à celui qui lui donne des Lois, de lui continuer la vie & la force d'exécuter ses Lois, sans quoi, il ne crée que pour un moment. Un particulier, qui nomme & paie son procureur, n'est pas censé usurper ses fonctions en le payant.

On doit sentir que, sous ces deux points de vue, ainsi que je l'ai déjà observé, l'Assemblée des Départemens & celles des Districts, vont être occupées très-utilement.

Ce n'est pas ici le lieu d'entrer dans les détails de la double institution : *Impôt & Milice*. Il nous suffira d'observer encore, que chaque Assemblée représentative doit nommer, dans son sein, deux *directoires* pour gouverner ces deux sortes d'administrations législatives, & qu'elle ne doit se réserver que la surveillance la plus attentive.

Quant au Pouvoir constituant, il est de principe qu'on ne peut le soumettre à aucune forme, à aucune règle, &c.

Le pouvoir constituant est la volonté nationale, s'exprimant, de quelque manière que ce soit, sur tout ce qui peut intéresser la Constitution.

Mais quoique la volonté nationale soit, en ce sens, indépendante de toute forme, encore faut-il qu'elle en prenne une pour se faire entendre. Vingt six millions d'hommes ne s'assemblent point sur la même place publique, il faut donc des degrés intermédiaires. Ceux que nous avons proposés pour déléguer le Pouvoir législatif, sont les plus simples,

les plus naturels & les mieux proportionnés à tout
ce qui doit avoir de l'influence sur la formation de
la Loi. Il est donc vraisemblable que la Nation,
accoutumée à cette forme représentative, n'en
voudra pas d'autre ; & qu'il n'y aura d'autre différence entre les deux représentations, que celle d'un
plus grand nombre de Députés pour l'exercice du
pouvoir constituant. Je voudrois encore qu'il y eût,
entre l'assemblée constituante & les Citoyens Commettans, un degré intermédiaire de moins qu'entre les Commettans & le Corps législatif. Il est
bon, relativement à la Constitution, que la volonté primaire influe de plus près & plus puissam-
ment. Enfin, l'Assemblée constituante n'a point à
exercer ces fonctions administratives, qui exigent
des divisions graduelles pour embrasser des ensem-
bles auxquels il seroit impossible sans cela, de
donner l'attention & l'action convenables.

CHAPITRE IV.

Paris considéré comme Cité *ou comme* Municipalité *distincte.*

APRÈS avoir montré Paris dans ses grands rapports nationaux; après avoir developpé la manière dont il concourt à la formation de la Loi, dont il remplit les fonctions d'administration législative, & enfin dont il est soumis à l'uniforme administration du Royaume, il est temps de le présenter dans sa municipalité distincte, comme le sont les sept cent vingt Communes qui composent le Royaume.

La différence est ici dans l'importance de la capitale, & dans son énorme population, qui exigent, dans sa combinaison municipale, un degré intermédiaire inconnu à toute autre *Cité* du Royaume, excepté peut-être Lyon. Paris est, comme une Province entière, constituée en Municipalité.

Nous

Nous n'avons pas besoin de changer les *bases* que nous avons employées jusqu'à présent. Les mêmes comices peuvent former une assemblée de district, exprès pour les affaires de la *Cité*, & les assemblées de district choisiront immédiatement le *Conseil municipal* pour la *législation* particulière à la *Cité*.

Ce Conseil peut être composé de deux cent Représentans, pris dans les six cents Députés des Comices. Ils formeront ensemble le grand Comité législatif ; soixante d'entr'eux, divisés en six Bureaux, de dix chacun, seront spécialement chargés de surveiller les six départemens de l'administration municipale, de prévenir & de consulter le Conseil législatif des deux cents.

Le pouvoir d'exécution, à l'exception du commandement de la garde municipale, sera tout entier dans les mains d'un *Régent*, élu au scrutin par les assemblées primaires elles-mêmes.

Premier Département.

La recette des deniers de la ville. Deniers anciens. Nouveau tribut volontaire.

C

Second Département.

La dépense seulement, car le choix & la décision des emplois appartiennent au Conseil municipal.

Troisième Département.

La direction des nouveaux travaux publics, & des soins & travaux ordinaires *donnés à bail.* Approvisionnemens & subsistances. Boues, lanternes, spectacles, foires, &c.

Quatrième Département.

La police, prise pour le Contrôle & la surveillance de tous ces travaux, sur-tout pour l'article des subsistances ; elle s'exercera tant sur les agens, & entrepreneurs publics, que sur les simples Citoyens obligés à des charges publiques, comme nettoyage des rues, &c.

Cinquième Département.

La police, prise pour moyen d'exécution ou pour la méthode la plus prompte d'obliger les entrepreneurs, les agens & les Citoyens à remplir leurs charges municipales d'où *Jurés municipaux* , & *grand Juge de Police municipale*. Il faut prendre garde de ne pas usurper les fonctions de la grande police; elle appartient à l'Administration générale, ainsi que la Justice.

Sixième Département.

L'administration des hôpitaux & autres établissemens de charité, & des secours publics de toute espèce, appartenant spécialement à la Ville.

Chaque Département aura un Chef d'agence, sous le titre de *Procurateur*, ou tout autre.

Tous ces Chefs seront nommés par le *Régent* de Paris, sur la liste présentée par le Conseil municipal ; & cette liste contiendra au moins dix-huit personnes. Les Agens ou Administrateurs ne pourront point être au nombre des Représentans. Ils seront tous comptables & responsables.

Les inférieurs dans les districts & les quartiers, seront nommés pareillement sur les listes des assemblées de district.

Le commandement de la garde municipale forme un *septième département*. C'est la force

intérieure qui assure l'exécution de tous les actes
émanés de l'administration générale & municipale
dans toute l'étendue de la Commune. La garde Parisienne n'est pas toute la milice Parisienne, elle
n'en est qu'une partie détachée & mise en commission par le *directoire Provincial*. Le Com-
mandant de la garde, sous le nom de *Prévôt* de
Paris, doit être élu au scrutin, comme le *Régent*,
par les assemblées primaires. Dans les deux cas,
c'est la pluralité des votes recueillis dans toutes les
assemblées, & non la pluralité des assemblées qui
décide l'élection ; autrement, comme il a été
prouvé ailleurs, la minorité pourroit faire la Loi
à la majorité.

Au-dessus des deux administrations municipale
& générale, seront le Maire de Paris, & son
Lieutenant de Maire ; mais ces deux places ne
donneront que la *présidence*, la *surveillance* &
toutes les *représentations honorifiques*.

Ainsi, Paris ne sera pas ce que le François ap-
pelle une République, lorsqu'il veut dire qu'il
n'y aura plus d'ordre ni de tranquillité ; Paris
sera, comme toutes les Communes du Royaume,
soumis à la Loi, au Roi, & à l'autorité municipale.

La *Mairie* de Paris ne doit point être séparée de la Couronne ; la *Lieutenance de Maire* sera dévolue au *Président* du Corps législatif actuellement en fonction, car ce n'est qu'une place honorifique, & nous supposons l'Assemblée Nationale permanente à Paris.

Toutes les places, tant dans l'Ordre législatif, que dans l'Ordre administratif, ne sont que pour trois ans, avec cette différence, que les Administrateurs pourront être continués, s'ils n'ont pas été rayés de la liste des éligibles ; & qu'au contraire les Législateurs ne sont rééligibles qu'après un intervalle de trois ans. Il est inutile de répéter qu'ils se renouvelleront par tiers tous les ans.

Je n'entrerai point dans d'autres détails sur la *Régence* municipale ; je n'ai point les connoissances qu'il faudroit pour cela.

Dirai-je, en finissant, qu'il n'est pas un alinéa, dans ce que je viens d'écrire, où je n'aie été déterminé par dix fois plus de raisons & de motifs que je n'ai pu en exposer ; mais au milieu de nos occupations, comment trouver le temps de fixer & de lier toutes ses idées ?

www.ingramcontent.com/pod-product-compliance
Lightning Source LLC
LaVergne TN
LVHW021756060726
842528LV00003B/982